채지충의 만화로 보는 동양철학
2

옮긴이 이신지
이화여자대학교 중어중문학과를 졸업했다.
중국인민대학교에서 중문학을 공부하고 번역 활동 등을 하고 있다.

漫畫儒家思想 (Confucianism in Comics)
Copyright ⓒ 2012 by Tsai Chih-Chung
Korean Translation Copyright 2024 by DULNYOUK Publishing Co.
This translation is published by arrangement with Locus Publishing Company through SilkRoad Agency, Seoul, Korea.
All rights reserved.

이 책의 한국어판 저작권은 실크로드 에이전시를 통해 Locus Publishing Company와 독점 계약한
도서출판 들녘에 있습니다. 저작권법에 의해 한국 내에서 보호를 받는 저작물이므로 무단 전재와 복제를 금합니다.

채지충의 만화로 보는 동양철학 · 2
맹자 난세의 철학
ⓒ 들녘 2024

초판 1쇄	2024년 12월 31일			
지은이	채지충(蔡志忠)			
옮긴이	이신지			
출판책임	박성규	펴낸이	이정원
편집주간	선우미정	펴낸곳	도서출판 들녘
기획이사	이지윤	등록일자	1987년 12월 12일
편집	이수연·이동하·김혜민	등록번호	10-156
디자인	하민우	주소	경기도 파주시 회동길 198
마케팅	전병우	전화	031-955-7374 (대표)
경영지원	김은주·나수정		031-955-7384 (편집)
제작관리	구법모	팩스	031-955-7393
물류관리	엄철용	이메일	dulnyouk@dulnyouk.co.kr

ISBN	979-11-5925-909-8 (07150)
세트	979-11-5925-907-4 (07150)

값은 뒤표지에 있습니다. 잘못된 책은 구입하신 곳에서 바꿔드립니다.

채지충의 만화로 보는 동양철학 · 2

맹자
난세의 철학

채지충(蔡志忠) 지음 · 이신지 옮김

서문

동양문화사상의 성찰

채지충

20세기는 인류 문명사상 가장 위대한 세기로, 물리·과학·기술 등 모든 면에서 놀라운 성과를 거둔 시기입니다. 제가 대여섯 살 때만 해도 마을에 있는 구멍가게에 가서 등유를 사다가 등불을 켜고, 운동화 끈을 짧게 잘라 심지로 삼았던 기억이 납니다. 몇 년 지나지 않아 온 마을에 전등이 생겼습니다. 한 집에 작은 라디오 한 대뿐이던 것이, 저마다 집에 텔레비전이 있고, 이제는 모든 사람이 컴퓨터를 가지고 있는 것으로 발전했습니다. 2~3천 년 전 농업사회에서 급변하는 현대 산업 및 상업사회로 단숨에 변모했지요. 저는 제가 이 고도 비약적인 시대에 자랄 수 있어서 다행이라고 생각합니다. 저도 시대의 발전에 발맞추어 성장하여, 산과 산 사이에 있는 작은 마을에서 타이베이에 있는 큰 도시로 이사했습니다. 경제학에서는 변화하는 시대에 기회가 가장 많고 인재를 가장 많이 배출한다고 하였습니다.

저는 어릴 적부터 가톨릭 신자로 세례를 받았습니다. 성당에 미키마우스, 뽀빠이 등 컬러만화가 많이 있었고, 가톨릭 교리반 교과서도 만화였습니다. 오가면서 자연스럽게 만화와 친숙해졌고, 훗날 만화가로 거듭나게 된 것이 아닐까 싶습니다. 열다섯 살 때 만화를 업으로 삼았고, 서른여섯 살 이후에는 붓을 잡고 그림을 다시 그렸습니다. 이어 『만화유가사상』 『만화불학사상』 『시경』 『만화도가사상』 『만화선종사상』을 작업하였습니다.

많은 사람이 "왜 이런 소재를 만화로 그렸느냐?"라고 제게 묻습니다. 그럴 때면 저는 항상 이렇게 대답합니다.

"문화사상은 영원히 변하지 않는 보편적인 가치입니다. 동양인의 피가 흐르는 사람이라면 일생에 노장공맹과 불학 경전을 몇 권 정도는 읽어야만 동양의 후손이라 하기에 손색이 없지요."

얇은 만화책 한 권이 이토록 심오한 삶의 철학을 어떻게 설명할 수 있겠습니까? 저는 책 한 권으로 모든 진리를 말하려 하지 않았습니다. 독자 또한 책 한 권으로 모든 것을 통달하여 박사가 되리라고는 결코 기대하지 않습니다. 저는 그저 한 시간 동안 만화책 한 권을 다 볼 수 있도록 하고 이와 동시에 동양 사상에 대한 개략적인 이해를 돕고, 나아가 흥미와 자발적인 학습으로 이어질 수 있기를 바랍니다.

'만화 중국 제자백가사상'은 전 세계 21개 언어, 45개 판본으로 번역 출간되었습니다. 저는 이 책이 잘 팔리는 이유가 결코 저 때문이라고 생각하지 않습니다. 만화라서, 중국 사상이라서가 아니라 만화로 동양 사상을 서술하기 때문이라는 것을 압니다. 깊은 철학, 불학, 선학을 알기 쉽게 표현했기에 대중의 관심을 받았다고 생각합니다.

한 학자는 "춘추시대에는 『시경』, 전국시대에는 『초사』, 한나라에는 부(賦)가 있었고 그 뒤에 당시, 송사, 원곡이 있었다. 오늘의 대표 언어는 무엇인가? '애니메이션'이 오늘의 언어라고 생각한다"라고 말했습니다.

과장된 말이라고 생각하는 분도 있겠지만, 저는 이 학자의 말이 맞을 가능성이 높다고 생각합니다. 비틀즈, 롤링 스톤스, 비지스가 처음 등장했을 때 그들의 음악을 못마땅해하는 사람이 많았지요. 그러나 지금은 어떠한가요, 이들의 록 팝은 바하, 모차르트, 베토벤과 함께 존경받는 고전이 되었습니다. 애니메이션이 21세기 문화를 대표하는 것은 불가능한 일이 아닙니다. 300년 후 스타워즈는 20세기 고전이 될 것입니다. 스타워즈는 단순히 영화 시리즈에 그치지 않고 다양한 매체로 확장되었습니다. 애니메이션 시리즈, 소설, 만화, 게임 등으로 넓어진 세계관은 더욱 풍부해졌지요. 앞으로의 문학 대작은 영화, 애니메이션, 만화에서 나올 수도 있습니다. 지금 우리가 접하는 영화, 애니메이션, 만화가 앞으로 미래세대에 고전이 될지 아닌지는 오늘날 우리가 알 수 있는 것이 아닙니다. 이는 후세에 의해 평가되어야 합니다.

중국 제자백가(諸子百家)와 불학·선종(禪宗) 사상은 동양문화의 근간으로 여겨집니다. 그러나 의도적인 수행 외에 일상생활의 행주좌와(行住坐臥) 즉 다니고, 머물고, 앉고 눕는 인간의 행동 사이사이에는 한번에 알아차릴 수 있는 문화가 없고 그 사이에 존재하는 인간 의식의 흐름을 남기기란 어렵습니다. 더구나 급격한 변화의 시대에 한 사람은 자신의 입장이 없으면 세태의 변화에 의해 자신을 잃기 쉽습니다. 오늘날 컴퓨터 네트워크의 발전은 아직 한창입니다. 모두가 이 변혁의 시대에 자신의 아이디어를 가지고 성공하고 싶어 하지요. 이러한 공감대는 헛된 망상이 아닙니다. 문화적으로 자신만의 생각을 가진 사람은 자신의 꿈을 더욱 쉽게 완수하고, 미래에 더 큰 우위를 점할 수 있습니다.

시대는 영웅을 창조하고, 영웅은 시대를 창조합니다.
여러분이 미래에 영향을 미치는 중요한 역할을 해내기를 기원합니다.

목차

서문   4

맹자의 일생   9

양혜왕편   21
왕이 하필 이로움만을 말씀하십니까 _양혜왕편 상 제1장   22
오십보가 백보를 비웃다 _양혜왕편 상 제3장   25
핑계 _양혜왕편 상 제3장   27
하지 않음과 하지 못함 _양혜왕편 상 제7장   28
큰 용기와 작은 용기 _양혜왕편 하 제3장   29
불쌍한 사람들 _양혜왕편 하 제5장   30
임금을 죽인 신하는 옳은가 _양혜왕편 하 제8장   31

공손추편   32
무리하지 않아야 한다 _공손추편 상 제12장   33
덕으로 사람을 복종케 하다 _공손추편 상 제3장   34
측은해하는 마음 _공손추편 상 제6장   35
남과 함께 선을 나누다 _공손추편 상 제8장   36

등문공편   37
나는 어떤 사람인가? _등문공편 상 제1장   38
자기를 굽히는 사람은 남을 바로잡을 수 없다 _등문공편 하 제1장   39
대장부 _등문공편 하 제2장   41
닭 도둑 _등문공편 하 제8장   42

이루편   43
임금과 신하는 요순을 본받아야 한다 _이루편 상 제2장   44
스스로 반성하라 _이루편 상 제4장   45
천하의 근본은 _이루편 상 제5장   47
어질지 못한 사람의 종말 _이루편 상 제8장   48
모든 잘못의 원인은 자신에게 있다 _이루편 상 제8장   49
천하를 편안하게 하는 법 _이루편 상 제11장   50
눈을 보면 그 사람의 마음을 알 수 있다 _이루편 상 제5장   51

천하를 구하려면? _이루편 상 제17장 … 52
자신의 부족함을 모르고 남을 가르치는 것은 병폐다 _이루편 상 제23장 … 54
세 가지 불효 _이루편 상 제26장 … 55
정치는 근본적인 해결책을 강구해야 한다 _이루편 하 제2장 … 56
임금과 신하가 일체여야 한다 _이루편 하 제3장 … 57
아무런 잘못이 없는데 죽이면 _이루편 하 제4장 … 58
진정한 예와 의 _이루편 하 제6장 … 59
하지 않는 일 _이루편 하 제8장 … 60
남의 잘못을 들추지 말라 _이루편 하 제9장 … 61
너무 지나친 행동은 삼가라 _이루편 하 제10장 … 62
말이나 행동은 반드시 의를 따라야 한다 _이루편 하 제1장 … 63
순결한 본연의 마음을 지녀야 _이루편 하 제2장 … 64
널리 배워야 한다 _이루편 하 제15장 … 65
인의를 따라 행하다 _이루편 하 제19장 … 66
공자의 외도 _이루편 하 제22장 … 67
나쁜 제자는 스승의 잘못 _이루편 하 제24장 … 68
수양이 중요하다 _이루편 하 제25장 … 72
다섯 가지 불효 _이루편 하 제30장 … 73
인의의 도를 행하면 바로 성인 _이루편 하 제32장 … 74
구걸하는 남편 _이루편 하 제33장 … 75

만장편 … 78
소인은 일시적으로 속일 수 있지만 _만장편 상 제2장 … 79
하늘이 백성을 낳은 이유 _만장편 상 제7장 … 80

고자편 … 81
의도 인도 내부에서 나온다 _고자편 상 제4장 … 82
삶을 버리고 의를 택하다 _고자편 상 제10장 … 85
인은 마음이요 의는 사람이 걸어갈 길이다 _고자편 상 제11장 … 86
자기를 수양한다 _고자편 상 제13장 … 87
물이 불을 이기듯 인은 불인을 이긴다 _고자편 상 제18장 … 88
모든 일에는 방법이 있다 _고자편 상 제20장 … 89

진심편 … 90
마음을 다하라 _진심편 상 제1장 … 91
의로써 천명을 지켜야 _진심편 상 제2장 … 92

스스로 깨닫는다 _진심편 상 제10장	93
임금의 선 _진심편 상 제16장	94
해서는 안 될 일 욕심 내서는 안 될 일 _진심편 상 제17장	95
어려운 환경 속에서도 재능을 닦을 수 있다 _진심편 상 제18장	96
군자의 세 가지 즐거움 _진심편 상 제20장	97
높은 산에 오르면 _진심편 상 제24장	98
순 임금과 도척의 차이 _진심편 상 제25장	100
절개 _진심편 상 제28장	101
중도에 포기하면 안 된다 _진심편 상 제29장	102
공경하는 성의가 없으면 벼슬하지 않는다 _진심편 상 제37장	103
군자의 다섯 가지 가르치는 방법 _진심편 상 제40장	104
천하의 도 _진심편 상 제42장	105
군자는 백성을 사랑한 후에 사물을 사랑한다 _진심편 상 제45장	106
인자무적 _진심편 하 제3장	107
참 이치는 자기 노력에 달렸다 _진심편 하 제5장	108
성인은 환경을 타지 않는다 _진심편 하 제6장	109
우선 스스로를 바르게 하라 _진심편 하 제9장	110
덕을 많이 쌓아라 _진심편 하 제10장	111
명예를 존중하는 사람 _진심편 하 제11장	112
귀한 것은 백성이요 임금은 가볍다 _진심편 하 제14장	113
인은 곧 사람이다 _진심편 하 제16장	114
자기 덕을 닦은 뒤 남을 지도해야 _진심편 하 제20장	115
끊임없는 노력 _진심편 하 제21장	116
한 가지 근거에 집착하여 결론을 내리는 잘못 _진심편 하 제22장	117
자기 원칙을 지켜라 _진심편 하 제23장	118
마음을 수양하는 비결 _진심편 하 제25장	120

맹자의 일생

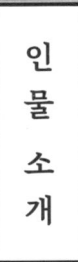

인물 소개

맹자는 공자보다 약 백 년 뒤에 태어났다. 그가 태어난 곳은 공자의 고향과 가까웠다. 맹자는 절망적이고 말세에 가까웠던 전국시대에 활동했다. 전국시대는 진, 초, 연, 제, 위, 한 일곱 개의 나라가 서로 침략 전쟁을 벌이며 무력으로 통치하여 혼란 상태에 빠져 있었고, 각 나라마다 법가와 병가로 부국강병에 열을 올리고 있었다. 한편 합종과 연횡을 내걸고 치열한 외교적 연합 전선도 펼쳤다. 각 나라가 오직 자기 나라의 이익과 확장만을 위해 온갖 수단을 다 쓰고 있었다. 이러한 가운데 백성들은 도탄에 빠져 신음하고 도덕은 문란해져 갈 바를 몰랐다. 신하가 임금을 죽이고 자식이 어버이를 죽이는 일이 다반사로 일어나 중국의 오천 년 역사를 통틀어 그 예를 찾아볼 수 없는 혼란의 시대였다.

맹자는 이런 때에 의연히 일어나 인의왕도(仁義王道)의 덕치를 내세웠다. 무력에 의한 패도(覇道)를 버리고 천하가 하나로 돌아가야 한다고 주장했다. 백성들을 전쟁에 내몰아 극심한 기아의 고통에 허덕이게 하는 세상의 질서를 바로잡아 요순시대의 이상적인 나라를 실현해보려고 전심전력을 기울였다. 여러 열국의 임금들을 찾아가 이(利)를 버리고 인의(仁義)를 찾아야 하고, 임금이 도덕적이면 신하나 백성들은 올바르게 되어 나라에 안정과 번영을 가져온다고 주장하고 설득했다.

왕도덕치의 근원이 임금에게 달려 있음을 강조하다 보니 임금의 존재를 형편없이 격하시켰다. 즉 맹자의 사상은 '임금은 백성과 함께 즐겨야 한다'는 민본사상이었다. '한낱 필부인 주(紂)를 죽였을 뿐이지, 임금을 죽인 것이 아니'라는 말로 무능하고 학정을 편 군주는 혁명으로 갈아치워야 한다는 역성혁명을 합리화하기도 했다.

그러나 여러 군왕들은 부국강병에 광분했기에 한 사람도 이에 호응하는 자가 없었다. 결국 그의 신념은 끝내 이루어지지 못했다.

맹자는 은퇴한 후 제자 만장(萬章)등과 함께 문답을 정리, 편찬하고 새로운 것을 써 『맹자(孟子)』 7편을 지었다고 한다. 당나라 때 한유는 맹자를 공자에 비견할 뿐 아니라 요에서 순, 순에서 우, 우에서 탕, 탕에서 문무주공, 문무주공에서 공자, 공자는 맹자에게로 유가의 도통(道統)이 이어져왔다고 했다. 그는 '성인의 도를 배우는 자는 반드시 맹자부터 하라'고 했고, 유종원도 '맹자'를 논어 다음으로 인정했다. 남송시대의 주자(朱子)는 정자의 학문을 계승하여 『논어』 『맹자』 『대학』 『중용』을 사서(四書)라고 확정했다.

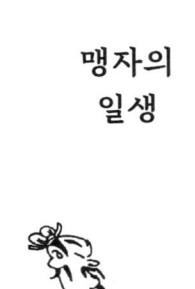

양혜왕편

하지 않음과
하지 못함

- 양혜왕편 상 제7장 -

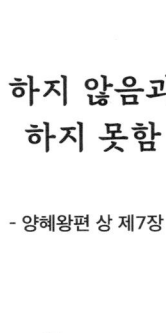

"너는 태산(泰山)을 겨드랑이에 끼고 북해(北海)를 건너뛸 수 있느냐?"

"아니요. 못하지요."

"나한테 나뭇가지 하나 꺾어주겠나?"

"아니요. 전 못해요."

"태산을 끼고 북해를 건너뛰는 건 당연히 불가능하다. 그러나 노인에게 나뭇가지 하나 꺾어줄 수 없다면 이는 하지 않는 것이지 하지 못함이 아니다."

능력이 미치지 못함을 불능(不能)이라 하고, 할 수 있으면서도 하지 않는 것을 불위(不爲)라 하는데, 사람들은 불위를 불능이라 착각하는 경우가 많다.

큰 용기와 작은 용기

- 양혜왕편 하 제3장 -

저놈이 어찌 감히 나를 당할 수 있겠느냐?

한 사나이가 손에 보검을 쥐고 험상궂은 눈초리로 외쳤다.

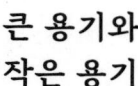

이는 필부(匹夫)의 용맹으로, 오직 한 사람만 상대할 수 있을 뿐입니다.

용기의 크고 작음은 적의 수가 아니라, 의에 합당한가에 달려 있다. 의협은 한 사람이라도 큰 용기이며, 불의는 나라 전체의 용기일지라도 작은 용기에 불과하다.

불쌍한 사람들

- 양혜왕편 하 제5장 -

아내 없는 노인을 홀아비라 하고,

늙어 남편 없는 여인을 과부라 하며,

자식 없이 홀로 사는 늙은이를 고독한 사람이라 부르고

부모 없는 어린애를 고아라 한다.

『시경』에 '부자는 괜찮지만 고독한 자들이 불쌍하구나'라 하였다.

이 네 부류는 세상에 의지할 곳 없는 자들로, 문왕은 인정을 베풀며, 그들을 우선적으로 돌봤다.

어리고 약한 이를 동정하고 존중하며 외로운 사람들을 돌보는 것이 바로 인정을 베푸는 출발점이다.

공 손 추 편

덕으로 사람을 복종케 하다

- 공손추편 상 제3장 -

무력으로 복종당한 사람은 진심으로 승복한 게 아니다. 힘이 모자라 할 수 없이 했을 뿐이다.

분하다! 힘이 약해진 거야.

덕행으로 복종당한 사람이야말로 기꺼이 진심으로 복종하는 것이다.

백성을 진심으로 성심껏 사랑하는 왕은 믿음을 얻으나, 패자(覇者)는 무력으로 정복하고 거짓만 일삼아 백성이 어쩔 수 없이 굴복하고 있다.

측은해하는 마음

- 공손추편 상 제6장 -

누구든지 어린애가 우물에 빠지려는 것을 보면,

깜짝 놀라고 가엾어하며 뛰어가 구해주는데

이는 그 부모와 친해지기 위해서도 아니고,

다른 사람의 칭찬을 받으려는 것도 아니며, 구해주지 않았다고 비난을 듣기 싫어서는 더더욱 아니다.

사람은 누구나 측은해하는 마음이 있다. 그것이 없다면 사람이 아니다. 수치심이 없는 자 역시 사람이 아니다.

남과 함께 선을 나누다

- 공손추편 상 제8장 -

자로(子路)는 남이 잘못을 지적해주면 좋아했고,

우 임금은 선한 말을 들으면 감격해서 절을 했다.

순 임금은 그들보다 더 위대해서 선(善)을 백성들과 함께 나누었다.

또한 사심(私心)을 버리고 백성들의 옳은 의견을 받아들였으니,

그는 농사짓고 질그릇 굽고, 물고기 잡을 때부터 황제가 되어서까지 언제나 남의 장점을 취해 규범으로 삼았다.

성현들은 진심으로 선(善)을 좋아하며 순 임금의 위대한 점은 남의 선을 취하여 함께 나눌 줄 알았다는 것이다.

등문공 편

나는 어떤 사람인가?

- 등문공편 상 제1장 -

성인도 사람이다. 성인의 위대함 역시 노력의 결과다. 순 임금이 위대한 성인이긴 하지만 노력만 한다면 나도 순 임금처럼 될 수 있다.

자기를 굽히는 사람은 남을 바로잡을 수 없다

- 등문공편 하 제1장 -

왕량이 여러 번 청하자 폐해는 마지못해 수락했다.
이번에는 아침나절에만 짐승을 열 마리나 잡았다.

대장부

- 등문공편 하 제2장 -

천하의 넓은 집(仁)에 살며,
천하의 올바른 자리(礼)에 서며,
천하의 큰 길(義)을 간다.

뜻을 얻으면 백성들과 함께
그 뜻을 행하고
뜻을 얻지 못하면
혼자서 그 길을 걸어가며,

부귀도 그 마음을 흔들지 못하고
가난해도 지조를 버리지 않는다.

위협과 무력으로도
그의 뜻을 꺾을 수 없으니,
이런 자야말로 대장부라!

힘이나 권력이 있다고
대장부는 아니다.
참된 대장부는 어떠한
외부 조건에도 지조와
절개를 버리지 않는다.

이루편

임금과 신하는 요순을 본받아야 한다

- 이루편 상 제2장 -

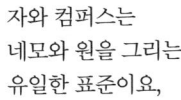

자와 컴퍼스는 네모와 원을 그리는 유일한 표준이요,

성인(聖人)은 인륜(人倫)의 최고 척도이다.

임금 노릇을 하고자 하면 임금의 도리를 다해야 하고,

신하가 되고자 하면 신하의 도리를 다해야 한다. 이 두 가지는 모두 요순 임금을 모범으로 삼으면 된다.

순 임금이 요 임금을 섬긴 것처럼 백성이 임금을 섬기지 않음은 임금을 공경치 않는 것이요, 요 임금이 백성을 다스리던 도리로 백성을 다스리지 않음은 그의 백성을 해치는 것이다.

성왕(聖王)을 본받고, 폭군을 거울로 삼는다. 임금과 신하 노릇에는 요순을 본받아야 한다.

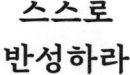

스스로 반성하라

- 이루편 상 제4장 -

내가 누군가를 사랑하는데 그 사람이 나를 친근하게 여기지 않으면,

쳇!

내 사랑에 부족함이 없나 반성해보고,

남을 다스리는데도 잘 다스려지지 않으면,

흥!

내 지혜가 부족하지 않은가 반성할 것이요,

내가 예로써 대해주는데도 그 사람이 나를 공경하지 않으면,

흠!

내 공경하는 태도가 온당한가를 돌아보아야 한다.

행하여서 바라던 바를 얻지 못하면 먼저
자기 자신에게 그 원인을 찾아야 한다.

자기 몸이 올바르면 세상 사람들은
자연히 돌아올 것이다.

『시경』에서 말하기를,
'생각과 행동이 항상 하늘의 이치에 따르면
스스로 많은 행복을 얻게 된다'고 했다.

사람 사이는 거울과 같다. 내가 웃으면 상대도 나를 보고 웃는다. 남을 탓하기 전에 내가 올바른지 반성해야 한다. 반성하여 자신에게서 그 원인을 찾아야 한다.

어질지 못한 사람의 종말

- 이루편 상 제8장 -

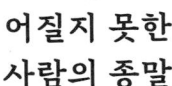

사람은 반드시 스스로 자기 자신을 존중해야 한다.

그러지 않으면 다른 사람도 그를 업신여길 것이다.

집안도 안에서부터 무너지려 할 때 남들이 얕보아 무너뜨리고자 하는 것이다.

형제끼리 다투기만 하니 이 기회에 사기나 좀 쳐보자.

좋은 생각이야.

나라도 마찬가지다. 먼저 안에서 서로 치고받으며 어지러워지면 다른 나라에 침략할 빌미를 주게 된다.

재앙과 복은 스스로 불러들이는 것. 나라와 집안의 붕괴는 다 어질지 못한 사람이 만들어낸 것, 필히 벌레는 썩은 곳에 꾀기 마련이다.

모든 잘못의 원인은 자신에게 있다

- 이루편 상 제8장 -

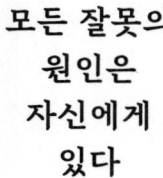

『서경』「태갑편(太甲篇)」에 '하늘이 지은 재앙(災殃)은 그래도 피할 수 있으나,

자신이 지어낸 재앙은 모면할 수 없다' 하였다.

행복이나 재앙은 스스로 불러오는 것이니, 자기가 뿌린 재앙은 스스로 받아들일 수밖에.

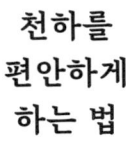

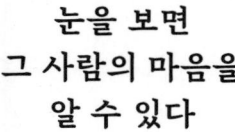

자신의 부족함을 모르고 남을 가르치는 것은 병폐다

- 이루편 상 제23장 -

사람들에게 가장 큰 병폐는…

남의 스승되는 것과 남 가르치기를 좋아하는 것!

자만에 빠져 남을 가르치려 들면 학문에서도 더 이상 진보를 이루지 못해 퇴보하니 어찌 큰 잘못이 아닌가?

세 가지 불효

- 이루편 상 제26장 -

세 가지 불효가 있다. 뜻을 굽혀 부모를 불의에 빠뜨리는 것, 부모가 늙고 집이 가난한데 놀며 벼슬하지 않는 것, 조상의 제사를 받들 자손을 두지 않는 것이다.

그중 뒤를 이을 후손이 없는 것이 가장 큰 불효라!

순 임금이 부모에게 알리지 않고 장가 든 것은 자식이 없어 대가 끊길까 두려웠기 때문이다.

그래서 훗날 군자들은 부모님께 알리지 않은 순 임금의 행동도 효도에 합치된다 여겼다.

맹자는 후손이 없음을 가장 큰 불효라 했다.

정치는 근본적인 해결책을 강구해야 한다

- 이루편 하 제2장 -

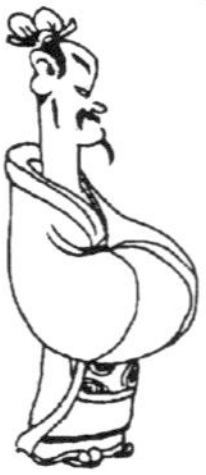

자산(子産)이 정나라를 다스릴 때, 겨울에 자기 수레에 백성들을 태워 진수(溱水)와 유수(洧水)를 건너도록 했다.

맹자가 말하기를,

자산은 작은 은혜를 베풀었지만 정치의 도리를 모른다. 11월 농사가 끝날 때, 먼저 사람이 건너는 다리를 놓고,

12월에 다시 수레 다니는 다리를 만들면 백성들이 찬 강을 맨발로 건널 걱정은 하지 않을 게 아닌가!

정치인이 정치를 잘한다면, 그가 행차할 때에 백성들이 길을 비키게 할 정도면 되지, 어찌 사람마다 자기 수레에 일일이 태워줄 수 있단 말인가?

정치인이 작은 은혜로 모든 백성을 기쁘게 해주려 한다면 날마다 그 일만 하기에도 시간이 부족하리라.

임금과 신하가 일체여야 한다

- 이루편 하 제3장 -

임금이 신하 보기를 수족과 같이 여기면,
신하는 임금을 자기 배와 가슴처럼 대하고,

임금이 신하를 개나 말처럼 여기면,
신하는 임금을 길 가는 통행인 정도로 대한다.

임금이 신하를 흙 위의 지푸라기같이
대하면 신하도 임금을 원수처럼 여긴다!

인간 관계는 거울과도 같다. 내가 상대를 어떻게 대하느냐에 따라 상대도 나를 그대로 대할 것이다.

아무런 잘못이 없는데 죽이면

- 이루편 하 제4장 -

임금이 무고하게 선비를 죽이면,

악!

대부는 장차 그 같은 화가 자기에게도 닥칠 수 있음을 염려하여 그 나라를 떠날 것이요,

죄 없이 백성을 살해하면,

윽!

선비는 장차 그 같은 화가 자기에게도 올 것을 염려하여 다른 곳으로 떠날 것이다.

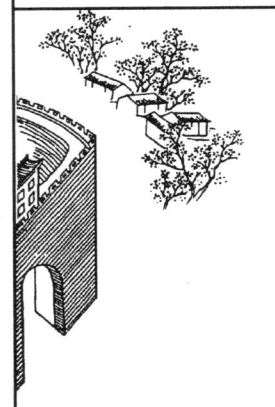

사건 발생에 앞서 반드시 징조가 있게 마련이다. 군자는 미리 그 기미를 봐서 일을 처리해야 한다.

하지 않는 일

- 이루편 하 제8장 -

사람은 하지 말아야 할 일을 하지 않아야

비로소 위대한 일을 할 수 있다.

성공하는 사람은
명확한 자신의
길이 있다.
자기 길에
맞지 않으면
결코 미혹되지
않는다.
불의를 행하지 않을
결심이 있어야
큰 능력이
있을 수 있다.

남의 잘못을 들추지 말라

- 이루편 하 제9장 -

너무 지나친 행동은 삼가라

- 이루편 하 제10장 -

공자께서 처세함에 있어서

지나치게 분에 넘치는 일을 한 적이 없으셨다.

언제나 분수를 지키면서 살아가고, 중정을 지키는 삶이 되어야 한다. 지나친 행동을 하면 나중에 돌이킬 여지가 없다.

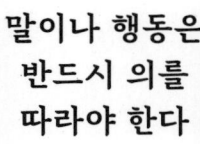

순결한 본연의 마음을 지녀야

- 이루편 하 제2장 -

덕을 갖춘 사람은,

하하하!

어린 시절의 천진난만한 마음을 영원히 지니리라.

순진무구한 본성을 지녀야 변화무쌍한 상황에서도 유혹에 흔들림 없이 그 순결하고 거짓 없는 본연의 마음을 보존하고 확충해나가는 것이다.

널리 배워야 한다

- 이루편 하 제15장 -

군자가 널리 배우고 자세히 연구함은,

그것을 바탕으로 전체적인 뜻을 관통한 후, 되돌아가 그 요점을 설명하려는 것이다.

배우고 익히고 학문을 널리 흡수한 뒤 다시 융합(融合), 관통(貫通)하면 진리(眞理)를 깨달을 수 있다.

인의를 따라 행하다

-이루편 하 제19장-

사람이 짐승과 다른 점은 천성적으로 인의를 지녔다는 것이다.

인의

일반적으로 사람들은 인의를 모르고 버리기까지 하지만 군자는 인의의 귀함을 알고 그것을 지키려 한다.

성인 순 임금은 천하 만물의 이치를 알고 사람의 도리를 자세히 살폈으니,

완전히 천성적으로 인의를 행하였지, 인의라는 허명(虛名)을 빌려 가짜로 행한 것이 아니다.

사람의 본성은 착하여 군자는 오로지 이 본성으로 행할 뿐 자기에게 이롭다고 여겨서 인의를 가장하지는 않는다.

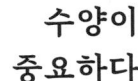

수양이 중요하다
- 이루편 하 제25장 -

서시(西施) 같은 미녀라도 더러운 것을 몸에 바르고 있으면

사람들이 다 코를 싸매고 지나갈 것이요,

냄새야.

비록 추악한 사람일지라도 마음을 닦고 몸을 깨끗이 하면

하늘에 제사도 드릴 수 있으리라.

선(善)이란 자만하지 말고 지속해야 귀하며 추악하다고 염려하지 말고 스스로 고쳐 세우면 필요한 사람이 될 수 있다.

다섯 가지 불효

- 이루편 하 제30장 -

첫째, 게으르게 놀면서 일을 하지 않아 부모를 봉양하지 않음이요,

둘째, 노름하며 장기와 바둑 따위를 좋아하고 술 마시기를 즐기느라 부모를 봉양하지 않음이요,

셋째, 재물을 탐하고 처자식만을 편애하여 부모를 봉양하지 않음이요,

넷째, 귀와 눈의 욕망에 사로잡혀 부모를 욕되게 하는 것이요,

다섯째, 싸움을 좋아하여 부모에게 위태로움을 끼치는 것이다.

자식의 도리는 부모님을 잘 모시고 밖에서는 부모에게 폐를 끼치지 않는 것이다.

구걸하는 남편

- 이루편 하 제33장 -

제나라에 아내와 첩을 한 집안에 데리고 사는 사람이 있었다

그는 밖에 나가기만 하면 항상 술에 취한 채 고기를 배부르게 먹고 돌아왔다.

잘 먹었다!

누구하고 함께 드셨나요?

다 부귀한 분들이지 뭐!

저 양반, 밖에서 먹고 올 때마다 부귀한 분들이랑 먹었다고 하는데

그런 사람들이 우리집에 온 적은 한 번도 없잖아.

몰래 뒤따라가서 알아볼까 해!

다음 날 아내는 일찍 일어나 몰래 남편의 뒤를 밟았다.

부귀영화를 위해 수치도 굴욕도
모르는 사람들은 거지와 다를 바 없다.
그 사실이 발각되었을 때
수치스러워서 울지 않을
아내가 어디 있으랴?

만장편

하늘이 백성을 낳은 이유

- 만장편 상 제7장 -

하늘이 많은 백성을 낳은 까닭은, 먼저 깨달은 사람을 시켜 나중 사람을 깨우치게 하고,

먼저 도리를 깨친 사람이 뒤의 사람을 깨우치게 하기 위해서다.

세상에는 먼저 깨달은 자가 있고, 뒤에 깨닫는 사람이 있다. 먼저 깨달은 사람은 혼자만 알지 말고 남을 올바로 깨우쳐 줌이 마땅하다.

고자편

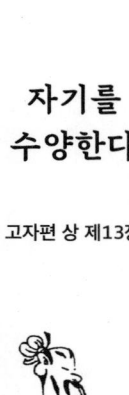

자기를 수양한다

- 고자편 상 제13장 -

어리고 약한 오동나무와 가래나무를 잘 자라도록 돌볼 줄은 알면서도,

자신의 몸과 마음을 기를 줄 모르다니,

사람은 물질에 대해서는 객관적으로 잘 알고 있으나 자신에 대해서는 주관에 빠져 사실을 바로 보지 못하고 수양하는 방법을 찾지 못한다.

설마 자기 몸과 마음보다 오동나무나 가래나무를 더 사랑하겠는가? 다만 깊이 생각하지 않는 것뿐이다.

모든 일에는 방법이 있다

- 고자편 상 제20장 -

예(羿)가 사람들에게
활쏘기를 가르칠 때
마음을 다해
활을 끝까지
당기려고 애쓰면

배우는 자도 가르침을 따라
반드시 끝까지 당기려고 마음먹는다.

목수가 반드시 규격대로
컴퍼스와 자를 가지고 목공 일을 가르치면,

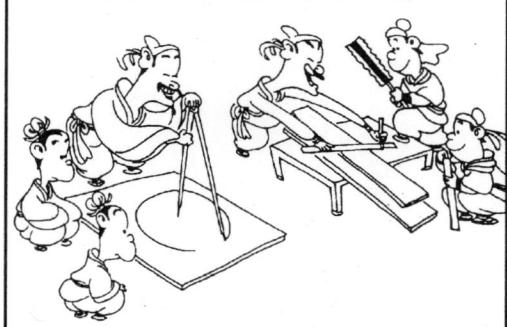

배우는 자 또한
컴퍼스와 자를 가지고 배울 것이다.

작은 기술이나 큰 도나
모두 일정한 방법이 있다.
선생이든 학생이든
모두 이 방법을 따라
가르치며, 배워야 한다.

진심편

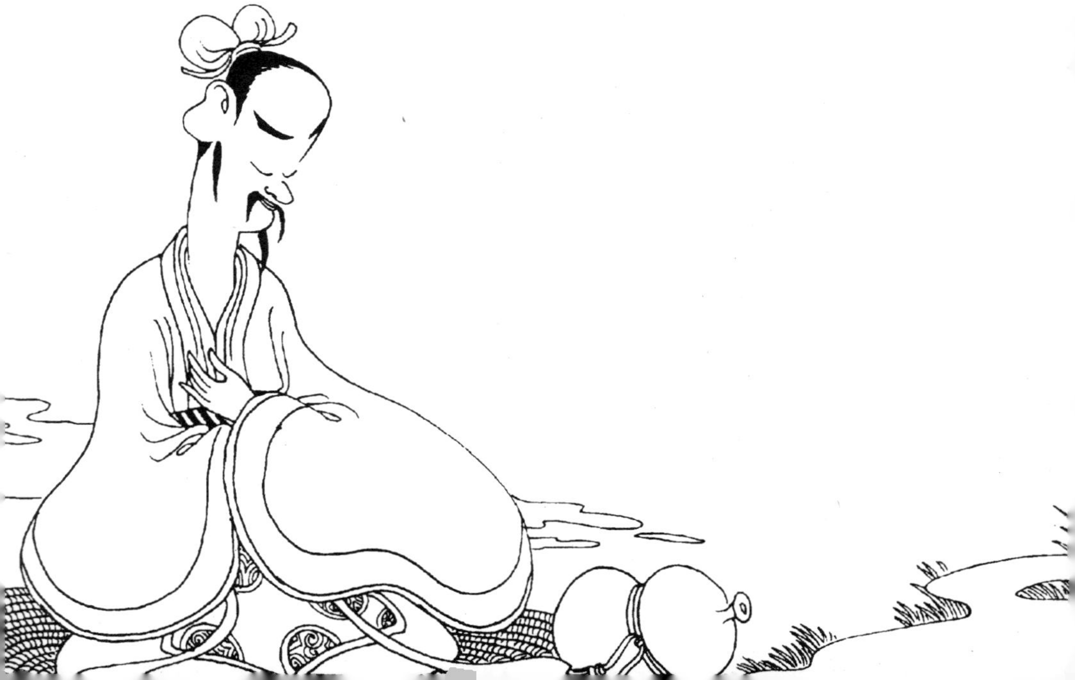

의로써 천명을 지켜야

- 진심편 상 제2장 -

인생의 길흉화복도 천명이 아닌 것이 없으니, 순리에 따라 행하면 바른 운명을 받아들이게 된다.

그래서 바른 천명을 아는 사람은 허물어지려는 담장 아래에 서지 않는 법

천도(天道)를 다하고 죽는 자는 천명을 지킨 자요,

죄를 범하고 죽는 자는 하늘의 명을 그릇되게 한 사람이다.

사람은 의로써 천명을 지켜야 하고, 천명을 알면 그 본분을 다할 수 있고, 사람의 일함이 천도에 부합하면 바른 운명을 가질 수 있다.

스스로 깨닫는다

- 진심편 상 제10장 -

성군인 문왕 같은 이의 교화를 받아야 비로소 분발하여 일어서는 사람은 평범한 사람이다.

재주와 지혜가 뛰어난 현자는 문왕의 교화를 기다리지 않고도 스스로 분발할 수 있다.

시대가 영웅을 만든다 하나, 영웅도 시대를 만들 수 있다. 단 참 호걸은 환경과 세속에 구애받지 않고 분발할 수 있는 사람이다.

임금의 선

- 진심편 상 제16장 -

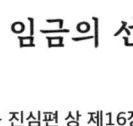

순 임금은 처음에 깊은 산 속에 사셨는데 나무와 돌 사이에 거하고 사슴, 멧돼지와 더불어 놀았으니,

깊은 산속의 야인(野人)들과 다를 바가 없었으나

한 마디 선한 말을 듣고 한 가지 선한 일을 보게 되면 곧 그대로 실행하니

마치 강물의 둑이 터진 듯, 격렬한 기세를 막을 수가 없었다.

순이 성인 순 임금이 된 것은 마음을 비우고 선을 따라 남의 장점을 취하였기 때문이다.

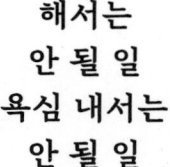

해서는
안 될 일
욕심 내서는
안 될 일

- 진심편 상 제17장 -

내 본성이 원하지 않는 일을 하지 말고,

욕심 내서는 안 될 것을 욕심 내지 말아야 한다.

사람됨의 도리는 이와 같을 뿐이다.

사람됨의 도리는 간단하다. 본성이 원하지 않는 일을 하지 않고, 본성이 원하지 않는 욕심을 부리지 않는 것이다.

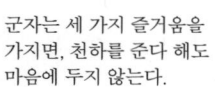

군자의 세 가지 즐거움

- 진심편 상 제20장 -

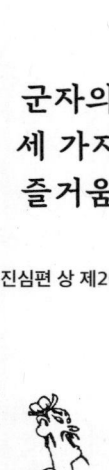

군자는 세 가지 즐거움을 가지면, 천하를 준다 해도 마음에 두지 않는다.

부모가 건재하시고 형제가 서로 우애함이 첫 번째 즐거움이요,

저 하늘을 보라!

우러러 하늘에 부끄러움 없고 굽어보아 사람에게 부끄러움 없는 것이 두 번째 즐거움이요,

천하의 뛰어난 인재를 얻어 가르치는 것이 세 번째 즐거움이다.

군자에게 이 세 가지 즐거움이 있으나, 천하의 왕 노릇하는 건 거기에 들어 있지 않다.

싫소.

내 왕위를 넘겨 드리지요.

군자의 즐거움은 자기 본성의 만족에서 비롯되므로, 부귀와 영화는 군자의 진정한 즐거움이 아니다.

절개

- 진심편 상 제28장 -

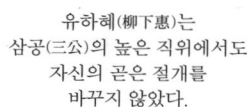

유하혜(柳下惠)는 삼공(三公)의 높은 직위에서도 자신의 곧은 절개를 바꾸지 않았다.

아무리 내 직위가 높고 자리가 고귀해도 절대 아깝지 않으나, 내 절개를 버리는 것은 불가능합니다.

성인의 절개는 환경의 변화에도 영향을 받지 않는다. 높은 관직과 후한 봉록은 아낌없이 버릴 수 있으나 절개는 버릴 수 없는 법이다.

공경하는 성의가 없으면 벼슬하지 않는다

- 진심편 상 제37장 -

먹여주기만 하고 사랑하지 않는다면

그것은 개나 돼지로 여기고 먹이는 것이나 다를 바 없고

사랑하되 공경하지 않으면,

애완동물로 사랑하며 기르는 것과 같으니

예물을 갖다 바치기 전에 먼저 공경하는 마음부터 가져야 한다.

단지 겉으로 공경하고 마음에 진실성이 없다면

군자는 그러한 겉치레에 머물러 있어서는 안 된다.

군자의 다섯 가지 가르치는 방법

- 진심편 상 제40장 -

군자에게는 가르치는 방법이 다섯 가지 있으니

제때 내리는 비가 초목을 저절로 자라게 하는 방법이요

그의 덕성을 성취하도록 하고

그 사람의 자질에 따라 재능을 기르도록 하고

물음에 대답해주는 방법으로 의문을 풀어주며

이 다섯 가지가 군자가 가르치는 방법이다.

배워 두자.

직접 배우지 않고 다른 사람에게 듣고서도 선과 인격을 도야시킨다.

군자가 가르치는 방법은 일정치 않다. 신분의 높고 낮음, 재능과 자질, 성품에 따라 다르게 이끌어줘야 한다.

천하의 도

- 진심편 상 제42장 -

천하에 도가 있으면
내 몸도 도가 따르게 하고

천하에 바른 도가 행해지지 않을 때는
내 몸을 가지고 도를 따라가서
어지러운 세상을 헤쳐 가야 한다.

도를 희생해가면서
다른 사람의 사리사욕에
따라간다는 말을 여태껏
들어본 적이 없다.

도는 존엄하여 따르되
이용해서는 안 되며,
도를 행할 때
자신의 도를 굽혀
남을 따라서는 안 된다.

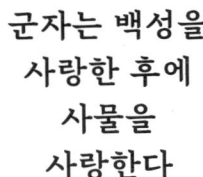

참 이치는 자기 노력에 달렸다

- 진심편 하 제5장 -

목수와 수레 만드는 장인은 동그라미와 네모 그리는 방법을 가르칠 순 있지만

컴퍼스

자

기술이 정교해지도록 할 수는 없다.

선생의 가르침은 기본적 수업일 뿐 배우는 자 스스로 열심히 연구하고 수양을 쌓으며 깊이 탐구해야 참 이치를 깨달을 수 있다. 학문의 도를 구하는 일은 자신의 노력 여하에 달려 있다.

우선 스스로를 바르게 하라

- 진심편 하 제9장 -

자신이 정도에 맞게 행동하지 않으면 가까운 아내와 자식에게도 받아들여지지 않는다.

남을 부리는 데도 정도를 따르지 않으면 아내와 자식에게도 그 일을 시킬 수 없다.

내가 왜 저런 사람이랑 결혼했을까?

사람은 먼저 스스로 바로잡은 뒤라야 남을 바르게 할 수 있다. 자기가 그릇되면 남도 나의 그릇됨을 거부하게 된다.

덕을 많이 쌓아라

- 진심편 하 제10장 -

재산이 풍족한 사람은 흉년이 닥쳐도 굶어 죽지 않고

덕이 높은 사람은 어떤 난세에라도 그 뜻을 어지럽힐 수 없다.

정(正)

두터이 쌓으면 쓰고도 남기 마련이다. 평소에 덕을 수양하고 예를 닦으며 의에 맞도록 행하면 난세에서도 시련을 충분히 이겨낼 것이다.

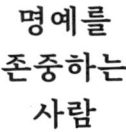

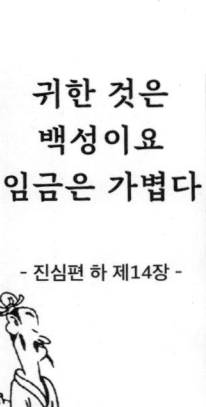

자기 덕을 닦은 뒤 남을 지도해야

- 진심편 하 제20장 -

옛날 현인들은
먼저 자신이 그 밝은 도리를
닦고 난 다음

다른 사람도
도리에 밝도록 했거늘

요즘 사람은
스스로 도리를
닦지 않아
어리석고
우둔하면서도

남에게 도리에 밝기를 바란다.

스스로 언행을 밝고
그릇됨 없이 행하면
천하에 따르지 않을 이가
없으리라.
자신이 어두우면서
남에게 밝을 것을
요구한다면
나무에 올라
물고기를 찾는
꼴이다.

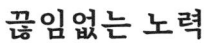

자기 원칙을 지켜라

- 진심편 하 제23장 -

진(晉)나라의 풍부(馮婦)라는 사람은 맨손으로 호랑이 때려잡기를 잘했다.

그는 뒤에 선량한 선비가 되어 다시는 호랑이를 때려잡지 않기로 했는데,

어느 날 들에 나갔다가 사람들이 범을 쫓는 광경을 보았다.

도와 주세요!

당신이 아니면 이 범을 잡을 수….